LÉGISLATION

QUESTIONS

relatives aux articles 14, 20, 29, 30, 41,
de la loi du 30 juin 1838.

PAR

Le Dr Henry BONNET
Médecin Directeur de l'Asile de la Roche-Gandon

PARIS

IMPRIMERIE DE E. DONNAUD,
9, Rue Cassette, 9.

1876.

LÉGISLATION

73

Extrait des annales médico-psychologiques
5e série, tome XVI, septembre 1876

LÉGISLATION

QUESTIONS

relatives aux articles 14, 20, 29, 30, 41,

de la loi du 30 juin 1838.

PAR

Le Dr Henry BONNET

Médecin Directeur de l'Asile de la Roche-Gandon

PARIS

IMPRIMERIE DE E. DONNAUD,

9, Rue Cassette, 9.

1876.

LÉGISLATION

—

QUESTIONS

relatives aux articles 14, 20, 29, 30, 41, de la loi
du 30 juin 1838.

Depuis plusieurs années une agitation très-grande s'est développée dans toutes les branches médicales pour ce qui a trait aux questions d'assistance, de protections administratives et de devoirs légaux. — Sans vouloir exercer de pressions illégitimes ou inopportunes, la science s'empresse d'indiquer, d'après son expérience quotidienne, les marches à suivre et les points autour desquels il faut graviter pour que des amoindrissements d'aucune sorte ne se produisent et pour que la vraie conservation de toutes choses s'accentue de plus en plus.

Une grande justice devra être rendue par tout esprit impartial à cette partie des sciences médicales, la science mentale, dont quelques-uns ont eu jusqu'à ce jour le dépôt; c'est que, depuis la réforme du commencement du siècle, tous les spécialistes ont lutté d'efforts pour fermement garder les points acquis, pour sauvegarder les jurisprudences administratives, pour se tenir l'arme au bras devant les exécutions de la loi, et pour résister dans la mesure de leurs moyens à certaines doctrines extérieures, à des empiétements préjudiciables aux progrès accomplis et à la légitime stabilité des choses.

Il est un fait malheureusement trop certain, c'est que, malgré tout le zèle et les assiduités de notre science spéciale, le monde ne veut pas se rendre compte des véritables conditions utilitaires. Le monde extérieur est ainsi constitué qu'il se trouve fort heureux de trouver des établissements pour le servir et pour protéger tous droits ressortissant aux intérêts individuels et sociaux ; il est heureux de trouver, pour lui être profitable et pour lui donner tous les conseils pratiques, des hommes mûris dans le métier; mais, par un phénomène inverse qui tient à l'ignorance, à la légèreté, aux inconséquences de raisonnement, à l'égoïsme, à la cupidité, aux défauts de sentiment, le monde malmène un beau jour ceux qui ne l'avaient point demandé et qui, par devoir, s'étaient empressés de le servir. A ce moment, il se déchaîne avec une indicible ardeur contre les hommes et les choses qu'il avait primitivement comblés de son encens.

Devant les hypocrisies diverses, devant les subtilités et les subrepticités de sentiments, devant certains désirs malsonnants des familles, devant les intromissions d'hommes d'affaires malencontreux, qu'avec répugnance la magistrature est obligée de suivre, il est nécessaire que notre administration spéciale se pénètre toujours de ses devoirs, de ses droits et de ses moyens; il est rigoureux qu'elle ne permette, pour la conservation des choses, aucun agissement sur son territoire, contraire aux vraies expressions de la loi et des règles administratives.

Les faits que je vais soumettre vont surabondamment prouver que, depuis 80 ans, la science mentale a travaillé, travaille, a cherché et cherche toujours à faire entrer dans l'esprit du public toute son économie. Ils donneront également la preuve que la loi n'a jamais été étudiée, après les quarante ans de sa promulgation, et que toutes les circulaires administratives, dont les philosophies sont pourtant saisissables, n'ont pénétré nulle part.

En France — c'est fort triste à dire — il semble, à mesure que les progrès veulent se réaliser, qu'on ne doive rechercher que ses appétits ou son sentiment en dehors de toutes choses dûment réglées. — Les rapports que je reçois de l'étranger me prouvent qu'on est beaucoup plus solidaire vis-à-vis des uns et des autres que chez nous ; ils me prouvent que le public sait mieux.

Ici, le monde — quel que soit son degré supérieur — veut bien nous accepter, sans toutefois nous comprendre, lorsqu'il a besoin de nous.

Alors — chose bizarre — il paraîtrait qu'il sent que nous ne considérons plus les fous comme les fous de jadis, et que nous voyons en eux des malades ordinaires. Cela ne dure qu'un moment de la part du monde, et bientôt vous verrez que pour telle ou telle raison, souvent sans avoir cette raison, ayant parfois un motif et ne se reportant qu'à la routine ancienne ou à des éléments préconçus d'égoïsme et d'intérêt, il brise l'autel qu'il vient d'élever.

Au premier comme au dernier degré de l'échelle sociale, notre science et notre économie que l'expérience affirme chaque jour, ne rencontreront et ne pourront rencontrer que les mêmes êtres. L'éducation différencie ; mais le fond est le même.

Le véritable sentiment de la famille s'abaisse ; la famille s'abandonne peu à peu. Il y a chez elle, à part de belles exceptions, une dénutrition qui fait que ses éléments se désagrégent insensiblement. — Les appétits ont remplacé le sentiment ; la voix du cœur s'est amoindrie ou a disparu.

Dès lors, chef d'établissement, ayant un rôle exceptionnel, vous ne pouvez que chercher à introduire vos légitimes sensations dans l'entendement de ceux qui se présentent à vous.

Naïvement, on le fait ; mais, on n'est pas écouté. — On se trouve en face d'embarras de toute sorte, de réclamations

inopportunes et illégitimes. — La patience voudrait s'é-
puiser; mais la patience ne le peut parce qu'on a une
fonction et des devoirs à remplir et qu'il faut cent fois de
suite répéter les mêmes conseils à des gens qui ne veulent
que se conformer à l'esprit des dieux d'Israel; et toujours,
il faut avoir de la patience; et toujours, il faut rester im-
passible devant son devoir, mais en ayant devant soi la
parole menaçante du Dante : « Lasciate ogni speranza. »

Si, médecins et administrateurs, nous devons être bien
calmes et impartiaux devant les réclamations des familles
en nous faisant un rempart de la loi et de nos justes obli-
gations, il nous faut aussi la plus grande froideur et la plus
forte prudence devant les hommes d'affaires que les familles
peuvent diriger sur nous en se laissant exploiter par eux.

Sans doute, on croit être certain, d'après tous les précé-
dents, d'avoir la loi pour soi. Mais il faut se défier des
interprétations, et l'on a souvent vu les hommes les plus
forts embarrassés par les attaques de gens d'affaires donnant
des sens explicatifs en dissonance avec l'étroite légalité.
Il faut se tenir en garde contre la pêche en eau trouble qui
pourrait se produire pour nous comme pour les autres conditions de la société.

On ne saurait faire aucun crime aux magistrats trop fré-
quemment ennuyés et obligés de subir, sans approuver *in
petto*, certaines intempérances. Pour notre science, ils
comprennent les choses tout différemment qu'il y a vingt
ans. Ils écoutent et, pour ma part, je ne saurais trop me
louer de la faveur qu'ils ont bien voulu me donner. — Tous
mes collègues, à l'heure actuelle, penseront de même que
moi et diront que nous ne sommes plus dans ces temps
malheureux où Georget, le véritable fondateur de la science
medico-légale aliéniste, engageait ces grandes luttes dont
le résultat philosophique a été si heureux pour notre pro-
fession.

Mais — j'ai le regret de l'avancer — si la magistrature

nous tient en grande considération en ce qui concerne certaines opérat'ons de justice, principalement au criminel, s'est-elle bien véritablement rendu compte de son rôle socio-légal vis-à-vis de l'administration. Interprète-t-elle toujours bien l'esprit et la lettre de la loi du 30 juin 1838. Saisit-elle bien l'exactitude de la séparation des pouvoirs?

Assurément, elle n'ignore pas ce qu'est la loi d'exception. Dès lors, elle doit se tenir en garde et comprendre que, si d'extrêmes droits lui sont réservés, l'administration a les siens fort complets.

La loi de 1838 a été si bien faite dans le rendement de chacun de ses articles, que tous les pouvoirs ont été réservés. Si le pouvoir administratif a des agissements considérables, le pouvoir judiciaire peut tout arrêter d'un coup de main. Mais, il est utile que les plus grands tempéraments existent; il faut que l'estime, la confiance et l'entente puissent s'exercer.

La justice a droit, et à toute époque, d'invalider les placements de l'administration. — L'administration ne saurait s'en formaliser et, à mon avis, elle est même protégée dans ses agissements par ceux de la justice. — En effet, si l'administration rend, en son âme et conscience, une décision que la justice invalide, elle est dégagée par le fait. — S'il arrive des accidents ultérieurs, la justice seule est moralement responsable. — Il faut donc que celle-ci, quand elle est saisie de certains faits, s'entoure avec précaution de tous documents et prenne tous les points de vue désirables d'expertise pour arriver aux vérités qu'elle entend se créer; il faut qu'elle prenne garde de rien dépasser.

Les deux observations suivantes prouveront que, dans un cas, le tribunal de Mayenne, pour la décision duquel j'ai le plus grand respect, a peut-être décidé trop vite. Dans l'autre, la justice a corroboré les agissements de l'administration, et l'on ne se trouve plus en face que des hommes d'affaires.

L'un et l'autre cas, mais surtout le premier, prouvent

qu'on ne s'entend pas sur l'interprétation et l'exercice de la loi.

Un point qui domine tout est celui-ci que, du moment qu'une loi existe, les hommes d'affaires cherchent à la transformer.

Ces considérations préliminaires établies, je vais raconter avec quelques réflexions des faits très-intéressants pour moi et qui, je le pense, auront aussi de l'intérêt pour mes confrères.

Observation I. — Le nommé X..., âgé de trente-neuf ans, cultivateur, est entré, le 25 août 1875, à l'asile de La Roche-Gandon. C'est sa sœur, et non son épouse, qui prend l'engagement de pension. — Le malade rentre dans la série des placements volontaires.

Le certificat de médecin qui accompagne l'engagement pris par la famille, affirme une folie religieuse et la nécessité de l'internement.

Le médecin intérimaire, chargé du service en l'absence du directeur-médecin en chef, adresse le certificat de vingt-quatre heures suivant :

« Délire général dont les manifestations remontent déjà
» à plusieurs semaines, avec hallucinations de la vue et de
» l'ouïe. Le désordre d'actes est multiple. — X... commu-
» nique avec Dieu et la Vierge et, pour obéir à ce qu'ils
» commandent, il arriverait à des propulsions dangereuses.
» Il est à maintenir. »

Les dernières considérations de ce certificat « propulsions dangereuses » étaient basées sur des faits récents d'instinctivité et de violences que la famille du malade raconta au médecin au moment de l'admission.

Malgré ce que put dire la famille, il était douteux que la folie fût nouvelle et, de prime-saut, on était certain d'avoir affaire à un imbécile maniaque.

Il y a chez X... arrêt de développement organique : « Boîte crânienne à diamètre très-restreint ; facies d'un enfant; système pileux à peu près nul; dépression ogivale fort prononcée du voile du palais; atrophie testiculaire. » — Le fonctionnement des facultés devait évidemment se ressentir des vices physiques.

Les renseignements donnés par la famille elle-même, et relatant des simplesses d'esprit, démontrèrent qu'on n'avait pas eu tort de poser un diagnostic à distance.

X... est marié depuis dix ans; il a eu toujours besoin d'une direction étrangère. — Sa femme qui, de toute évidence, est une *minus habens*, a de très-bons sentiments affectifs et, quoique relativement imbécile, elle a — mais avec quelles peines! — surveillé son mari tant qu'elle a pu, et son frère idiot. — A bout de forces, et en présence des agitations maniaques dangereuses du mari inquiétant la famille et la commune, il fallut que la femme se décidât à placer cet homme dans un asile, et (nous ne savons par quels motifs financiers de la famille) ce fut une sœur qui signa l'engagement de placement volontaire en recommandant (ce qui est à noter) à l'asile de se dispenser de rendre le mari à la femme et de n'écouter en rien cette dernière. Et, en effet, la sœur aurait eu raison. — X... et l'idiot de frère de son épouse trompaient sans cesse sa surveillance dans le village et se livraient à des désordres. Il eût été du reste impossible à cette malheureuse femme remplie de bons sentiments, mais n'ayant aucuns moyens à sa disposition, de les surveiller, lorsque nous-mêmes, dans un asile, nous avons le plus grand mal. — Dans son village, il lui fallait toujours rester avec ses deux hommes dénués de facultés.

X..., imbécile d'origine, devint tout à fait fou. Tout le village se plaignait de lui, et ce fut du consentement de toute la famille que l'internement eut lieu.

A l'asile, X... n'a pu être l'objet d'aucun doute. Il est imbécile à certains instants et imbécile maniaque en d'autres, avec prédominances d'idées délirantes dangereuses et d'hallucinations qui peuvent le porter à des agissements éminemment déplorables à des moments indéterminés.

Parfois il est calme — ce qui est rare — et, tout à coup, sans que rien puisse le faire prévoir, il se livre à une exubérance causée par l'excitation mentale et les hallucinations.

A différentes reprises on a été obligé d'user de moyens de contention, permanents quelquefois.

X... présente, comme je l'ai dit, la particularité de l'imbécile maniaque avec complication d'hallucinations et de l'imbécile simple seulement. — La durée de ce dernier état est généralement très-courte. Ici, toutefois, il y a encore du désordre instinctif ; le malade déchire ses vêtements, casse les carreaux... etc. — Mais, ce qui est beaucoup plus grave, quand le véritable délire maniaque avec hallucinations apparaît — et il dure relativement longtemps — une extrême violence se dessine.

X... communique avec Dieu, la Vierge, les saints, veut se faire crucifier ou tuer d'une autre façon, veut donner sa vie et est prêt à faire tout ee que Dieu, la Vierge, etc., lui commandent. — Or, l'homme le plus faible en connaissance des maladies mentales sait qu'un des plus redoutables délires est le délire religieux hallucinatif.

En résumé : 1° X... est un imbécile. — 2° L'imbécillité a vu se greffer sur elle un délire maniaque avec prédominances religieuses et hallucinations diverses. — 3° L'agitation d'actes arrive souvent au *summum*. — 4° Il est nécessaire, vu l'état de l'individu, et la faiblesse d'esprit de sa femme, vu aussi les conditions de sécurité pour la société, que l'asile soit pour lui un lieu d'élection.

Réflexions et discussion. — J'ai dit, dans l'observation, que la sœur de la femme s'opposait à la sortie ; mais, le directeur ne pouvait en tenir compte puisque cette opposition ne venait pas avec celle du conseil de famille ; il aurait donc rendu X... à l'épouse, si le malade avait présenté des garanties mentales suffisantes pour sa relaxation. L'épouse réclame à outrance son mari, et le directeur se renfermant dans le dernier paragraphe de l'article 14, formule son refus en engageant à se pourvoir devant le préfet ou devant le tribunal. Il donne même les indications par écrit en disant à la personne de faire agir pour elle.

La femme est tellement simple et obstinée que nous n'avons jamais rien pu lui faire comprendre. Pendant deux mois elle n'a pas cessé, et presque tous les jours, de venir obséder de ses réclamations, en faisant du scandale. Bien que j'aie recommandé, vis-à-vis d'elle, à cause de son état mental, la plus grande douceur, il y a eu deux fois nécessité, à cause des cris, gémissements, colères, de prier la femme de se retirer. — Elle s'est adressée aux hommes d'affaires ; aucun d'eux ne lui a donné de bons conseils. Enfin, ils lui ont fait faire constitution d'avoué et requête au tribunal en invoquant l'article 14. La sommation que me fait un huissier porte qu'à défaut d'obtempérer, je deviendrai passible de l'article 41. — Douze jours après, je n'avais point obéi à la sommation, attendant une procédure plus régulière.

Au tribunal on s'émut de mon refus et le procureur, que je n'ai pu trop remercier de son amabilité, vint me trouver en me prévenant que, depuis la sommation de l'huissier, j'avais manqué à l'article 14 et que la situation était grave pour moi ; nous discutâmes, platoniquement bien entendu, lui l'article 14, et moi l'article 29, prétendant que c'était ce dernier seul que la justice devait viser. Nous ne nous entendîmes point, et il me pria de rédiger l'observation du malade en lui donnant mes appréciations légales sur nos points de séparation, et cela avant que la Chambre du conseil prît séance.

J'adressai, d'une façon tout officieuse, les réflexions suivantes :

« Dans tout le courant de l'année, mais principalement » à la fin de chaque trimestre, les directeurs ou médecins

» en chef d'asiles d'aliénés sont tourmentés outre-mesure
» par les familles qui, ne s'inquiétant en rien de la sécurité
» publique, de leur sécurité personnelle et de l'intérêt propre
» d'un aliéné, veulent à toute force la sortie. Sous le cou-
» vert d'énormes sentiments affectifs on découvre aisément
» que le seul mobile des instances est de ne plus payer la
» pension. — Ce serait ensuite à l'autorité publique de s'y
» prendre comme elle voudrait. — Délits, accidents quel-
» conques, incendies, suicides, meurtre même... etc., tout
» est indifférent aux familles. Dès lors, elles cherchent, *per*
» *fas et nefas*, tous les moyens pour se faire rendre un
» aliéné ; ces moyens ne sont pas toujours, de la part de
» gens d'affaires auxquels les familles se confient, d'une
» honnête orthodoxie, et la magistrature est loin d'être sa-
» tisfaite ; mais, il faut marcher néanmoins, quitte à tout
» désapprouver.

» Ah ! si le département voulait prendre à sa charge les
» individus réclamés avec insistance, la majorité des fa-
» milles ne dirait plus rien ; on serait arrivé à son but : .
« ne plus payer. » — Puis, autant on avait vu naguère de
» sentiments affectifs de la part des familles ; autant on n'en
» verrait plus. Les visites disparaissent. »

La loi du 30 juin 1838 a été fort sage. — Elle a voulu que
l'autorité administrative, d'une part, et l'autorité judiciaire,
de l'autre, protégeassent les droits sociaux tout en sauve-
gardant les droits de l'individu et les réclamations de la
famille.

C'est dans ce sens que les législateurs ont rédigé les articles 14 et 29 de la loi du 30 juin 1838.

Au cas qui nous occupe il est nécessaire d'établir une limite entre deux fonctionnaires d'un ordre différent, limite
qui ne doit être transgressée par aucun. — La doctrine du
directeur de l'asile est complétement opposée à celle du
procureur de la République et du président du tribunal ;
mais, le directeur ne saurait avoir la prétention de la faire

prévaloir sans jurisprudence supérieure. Il serait juste aussi
que la justice ne fût pas, pour la loi de 1838 et ses exécutions un *Deus ex machinâ*. En parlant ainsi, je n'ai nulle
intention blessante; j'ai simplement le désir que des obli-
gations réciproques se tiennent chacune dans leur sphère
d'action.

Je vais poser les questions de façon à ce qu'aucun doute
ne puisse exister pour l'autorité administrative et pour l'autorité judiciaire.

Un individu est interné dans un asile par placement volontaire. — Après un certain temps, sa femme vient le réclamer. — Le directeur-médecin refuse à outrance, quelles
que soient les demandes; mais, il a soin de dire à la femme
de réclamer au préfet ou au tribunal. — La femme n'écoute
rien; elle ne veut qu'une chose « reprendre d'emblée son
mari ». — Dès lors, elle se met entre les mains d'hommes
d'affaires qui, ne saisissant pas le sens de la loi, se reposent
tous sur l'article 14 au lieu de se reposer sur l'article 29. —
Un huissier fait sommation, au nom de l'article 14, de
rendre l'individu. — Le directeur reçoit la sommation;
mais, lui aussi, refuse en vertu de l'article 14. — Alors,
constitution d'avoué qui fait requête au tribunal, toujours
en vertu de l'article 14, et qui demande avec les peines édic-
tées par l'article 41, des dommages-intérêts supplémen-
taires.

Je laisse maintenant place entière à la lettre que j'écrivais
à l'excellent magistrat qui, tout officieusement, me signa-
lait un péril.

« Les faits qui ont eu lieu depuis quelque temps,
» Monsieur le procureur, ont été mal menés et, si la mal-
» heureuse femme qui se trouve en ce moment aux mains
» d'hommes d'affaires eût voulu m'écouter, elle ne se trou-
» verait pas exploitée et dans la triste position où elle sera
» plus tard.

« Le placement du mari a été fait par la sœur. Néan-

» moins, le directeur de l'établissement pourrait rendre
» l'aliéné à l'épouse, d'après l'article 14, à moins d'opposi-
» tion formée par ascendants ou descendants, appuyée par
» le conseil de famille. La sœur a fait opposition à la sor-
» tie; je n'ai pu en tenir compte; la femme insistant pour
» avoir son mari, j'ai mis un *veto* en indiquant bien à cette
» femme de s'adresser au préfet.

» Elle n'a jamais voulu le faire parce qu'elle a été cir-
» convenue par des hommes d'affaires.

» Ici, Monsieur le procureur, vient se placer la grande
» question sur laquelle je désirerais qu'il y eût entente entre
» nous.

» L'usage administratif relatif à l'article 14 est que, toutes
» les fois qu'une personne réclame un aliéné placé volon-
» tairement, le médecin-directeur, s'il croit devoir refuser,
» engage la personne à se pourvoir auprès du préfet et, si
» elle le veut, auprès du tribunal qui est le grand contrôle
» des actes administratifs vis-à-vis de la liberté individuelle
» et qui est, en souverain, armé de l'article 29, tout seul.

» Quelle que soit la décision du préfet, et avant même
» que cette décision n'arrive, le tribunal a toujours le droit
» d'appliquer l'article 29. Il serait donc étrange qu'avec une
» puissance pareille la justice voulût s'emparer d'un artic'e
» ressortissant au pouvoir administratif. — Ni préfet, ni
» chef d'établissement n'ont le droit de se trouver blessés
» des décisions du tribunal; la responsabilité des faits à
» venir et résultant de la relaxation forcée d'un malade in-
» comberait à la justice; l'administration est dégagée.

» Donc, la loi du 30 juin 1838 a armé la justice de façon
» à la satisfaire et à satisfaire, en tout état de cause, aux
» réclamations de liberté individuelle. Elle peut ordonner des
» sorties immédiates. Mais — cela va de soi-même — si un
» individu relaxé commet, le lendemain, une faute, l'ad-
» ministration le ressaisit de suite. Il faut donc beaucoup
» de prudence dans les décisions de pouvoir à pouvoir.

» Toutes les fois donc — et c'est le formel esprit de la
» loi — que les parents de malades ne sont point satis-
» faits des agissements administratifs, ils doivent directe-
» ment, sans plus tarder, s'adresser au tribunal, de la
» même façon que l'administration, sans s'inquiéter du tri-
» bunal, a donné ses appréciations et a apposé un *veto*. —
» L'administration n'ignore pas qu'il y a un recours et elle
» sera toujours heureuse, dans des cas difficiles, qu'un autre
» pouvoir que le sien endosse les responsabilités.

» Nous arrivons ici, Monsieur le procureur, à un point li-
» tigieux et grave. Je déplorerais qu'il pût y avoir désac-
» cord entre nous.

» D'un côté, vous représentez la justice et ses intérêts. —
» D'un autre, je représente l'administration, et ses intérêts.
» — Vous avez pensé que, si l'article 14 n'était pas mieux
» exécuté, je pourrais être passible de l'article 41.

» En discutant avec moi, vous ne vous êtes arrêté que
» sur ce malheureux article 14 ; pour choses extrêmement
» graves que vous avez trouvées, c'est que, dès la première
» réclamation des parents, le maire n'ait pas été averti par
» le directeur. Puis, il suffirait qu'un huissier vînt faire
» une sommation pour qu'à l'expiration de la quinzaine le
» directeur, s'il n'y a pas fait droit, fût passible des péna-
» lités de la loi. »

A ce dernier point je réponds de suite qu'un huissier ne
remplace pas le préfet et que les mots « expiration de
quinzaine » de la loi sont sous la juridiction entière du
préfet.

« Pour ce qui s'agit de ne pas avoir averti le maire, je
» vous répondrai, Monsieur le procureur, que les choses ne
» se sont jamais passées ainsi en administration, et que
» c'est à la partie lésée à se plaindre.

» Entre vous et moi existe ce différend :

» 1° Est-ce au directeur, d'après l'article 14, à avertir le
» maire ?

» 2° Est-ce à la famille?

» Vous résolvez, Monsieur le procureur, la question sous
» le n° 1. — Moi, je la réponds d'après le n° 2. — Or, le
» n° 2 est le numéro de la partie lésée, et c'est toujours, en
» tout droit commun, une partie lésée qui doit se plaindre.

» Du reste, pour le moment, notre discussion n'est que
» platonique. Vous avez sur l'article 14 une interprétation
» contraire à celle exercée par l'administration depuis
» nombre d'années, et je n'ai pas à rechercher plus qu'il ne
» faut, si vous avez raison. — Mais, il est un point plus dé-
» licat sur lequel je vous demanderai la permission res-
» pectueuse de vous arrêter.

» La loi du 30 juin 1838, loi d'exception, est une loi es-
» sentiellement administrative et d'intérêt hospitalier. —
» Lors de sa confection, plusieurs membres des Chambres
» cherchèrent à l'établir comme loi judiciaire. Ils ne purent,
» et il fut démontré que la chose était impossible. Mais, il
» était néanmoins nécessaire, à tous égards, que le pouvoir
» judiciaire eût un contrôle d'une certaine mesure. Cette
» mesure lui a été largement accordée par l'article 29 sur le-
» quel viennent se reposer les dispositions pénales de l'ar-
» ticle 41. Si les chefs d'établissement ne se conforment
» pas aux articles prévus.

» L'article 14 n'a jamais été compris dans les dispositions
» pénales de l'article 41. — Il est oublié, et le législateur l'a
» fait à dessein. — Il l'a fait à dessein parce que l'article 14
» est un article purement de droit administratif et parce
» que l'article 29 peut toujours devancer ou annuler ses
» effets.

» L'article 14 donne des droits incontestables à la fa-
» mille d'un aliéné ; mais, dans l'intérêt de la société, il
» donne un *veto* à l'autorité administrative.

» L'autorité judiciaire ne doit, en aucune façon, s'occu-
» per comment l'administration de l'intérieur exerce cet
» article et quelle en est la procédure administrative. —

» Elle a toujours, ainsi que les familles, son épée de Damo-
» clès dans l'article 29.

» Si les chefs d'établissement manquent à l'article 14,
» c'est à l'autorité administrative, seule, d'en connaître et
» de donner une infliction de blâme sans préjudice de
» peines plus graves. — L'article 14 étant un article pure-
» ment administratif, il n'appartient pas à l'autorité judi-
» ciaire de l'exercer sous peine d'entrer dans le domaine
» administratif et de porter atteinte aux grands principes
» organiques de notre société qui ont nettement établi la
» séparation des pouvoirs. — Déjà, dans son commen-
» taire sur les établissements de bienfaisance, Durrieu a
» nettement établi, et en deux mots, que l'article 29 cor-
» rige les résultats de l'article 14 si les familles et la justice
» n'éprouvent point de satisfaction des décisions prises
» par les autorités administratives.

» Ainsi, Monsieur le procureur, l'article 14 regarde ex-
» clusivement le préfet, et la justice ne doit jamais viser que
» l'article 29. — On ne saurait qu'énergiquement protester
» contre une requête d'avoué procédant, au nom de l'ar-
» ticle 14, requête qui, admise par le tribunal, entraîne-
» rait la peine édictée par l'article 30 visant l'article 120
» du Code pénal. » — « Or, je le répète, le fait d'avoir
» résisté à une sommation d'huissier pendant quinze jours
» ne constitue pas une violation de l'article 14; en aucun
» cas, un huissier ne peut se substituer à l'autorité du préfet,
» et l'article 30 n'édicte une peine que si l'on n'a pas obéi à
» l'article 14 *dès que la sortie aura été ordonnée par le préfet.*
» — Encore faudrait-il, à mon avis, en ce dernier cas, que
» le préfet jugeât convenable, vu la gravité de la faute, de
» saisir la justice. Je ne crois pas que celle-ci devrait d'elle-
» même agir sans la référence administrative. »

Comme je l'ai dit, en commençant, la discussion entre
le procureur et moi ne pouvait être que platonique et nos
excellents rapports mutuels ne pouvaient souffrir de diver-

gences d'état. Cet honorable magistrat finit par partager entièrement mon avis et il pensa justement qu'en agissant
d'après l'article 14 le tribunal pourrait amener des dissen-
timents regrettables entre deux administrations voisines.

J'attendis le résultat des déterminations du tribunal. Je
fus fort étonné, et chacun de mes confrères le sera comme
moi, en se reportant à l'observation de l'aliéné X..., d'ap-
prendre que le tribunal ordonnait la sortie immédiate. Un
huissier vint me sommer, et je dus obéir. — Mais le tribunal, je ne sais pourquoi, n'a visé que l'article 29 et est resté
muet sur la requête de l'avoué pour l'article 14.

Chose curieuse, dans un cas très-délicat! — Je n'ai pas
été entendu par le tribunal; ni président, ni juges ne sont
venus à l'asile voir l'aliéné; aucun expert n'a été nommé
pour examiner l'individu. Néanmoins, en Chambre du conseil, il fut décidé que l'individu devait sortir. Par un im-
prudent oubli des plus regrettables, et dont je n'ai pas à rechercher la cause, mon observation n'avait même pas été
vue.

Il résulte évidemment du jugement les trois points sui-
vants :

« 1°. — L'administration n'est pas responsable de ce que
» la justice renvoie à la famille un individu dangereux pour
» lui-même et dangereux pour les autres à moments indé-
» terminés.

» 2°. — Si l'aliéné commet un délit ou un crime, doit-il
» être considéré comme aliéné puisque l'ordre juridique
» immédiat de sortie comporte vis-à-vis de lui un interne-
» ment arbitraire ou inopportun?

» 3°. — Si l'aliéné imbécile de naissance a des enfants
» avec sa femme également imbécile, le conseil général
» devra pourvoir aux besoins de la petite famille. — C'est
» une décision virtuelle du tribunal. »

J'ai voulu, pour me rendre compte entièrement des choses
et savoir ce que j'aurais à faire si un cas semblable se pré-

sentait, avoir l'avis d'un homme important, et j'ai consulté un avocat très-considérable de Paris. Je ne saurais rapporter ici sa longue consultation ; on me permettra de la résumer en substance :

» Vous avez eu raison d'interpréter les articles 14 et 29
» de la loi du 30 juin 1838 comme vous l'avez fait. — Il
» est bien clair, et cela ne se peut contester, que l'article 14
» est entièrement administratif et que, si un chef d'éta-
» blissement y manque, il appartient seulement à l'autorité
» administrative de lui donner un rappel à l'ordre, une in-
» fliction disciplinaire au besoin, ou d'appeler l'attention
» de la justice sur l'article 30. Il semblerait excessif que la
» justice se saisît d'emblée de cet article sans connaître les
» intentions de l'administration. »

« Il est évident que c'est à la partie lésée ou qui se croit
» lésée de se plaindre. Si elle ne veut pas s'adresser au pré-
» fet, elle ne peut invoquer auprès de la justice que l'ar-
» ticle 29. Celle-ci a toujours le droit, mais je le trouverais
» un peu dur comme forme, de prévenir le préfet dans
» l'article 14. »

« Une demande verbale de la famille ne peut être con-
» sidérée comme un commencement d'agissement admi-
» nistratif ou judiciaire. »

« S'il y a sommation d'huissier, comme au cas présent,
» d'après l'art. 14, il n'y a pas lieu de s'y arrêter. Le délai
» de quinzaine ne court que devant le préfet. »

« Un avoué faisant requête d'après l'article 14, le tribu-
» nal ne doit jamais viser que l'article 29. »

« Si le tribunal, dans le cas où un chef d'établissement
» aurait failli par ignorance, négligence..., etc. à l'article
» 14, se saisissait d'emblée de l'art. 30 pour l'appliquer à
» l'art. 14, il empiéterait sur les décisions administratives
» et leur recours devant lui. Il porterait atteinte au prin-
» cipe de la séparation des pouvoirs. »

« Dans ce cas, et en supposant qu'un chef d'établisse-

» ment fût attaqué correctionnellement, il n'y aurait qu'à
» faire plaider l'incompétence. »

» Si le tribunal passait outre, et s'il jugeait au fond, il
» faudrait former appel et, en même temps, saisir le Con-
» seil d'Etat. »

Tous ces faits, je le crois, doivent être d'un grand intérêt
pour mes collègues et pour les lecteurs des *Annales*, car ils
embrassent une large question qui, pour les administrateurs et les médecins, est d'obédience quotidienne.

J'arrive à la seconde observation.

La décision du tribunal de Mayenne avait mis les hommes
d'affaires en appétit. Ils s'étaient dit qu'un premier jugement devait fatalement constituer une jurisprudence irré-
vocable. — Mais, *non bis in idem.*

Une honorable, mais ignorante famille, a été indigne-
ment exploitée ; au lieu de suivre les conseils de l'administration, elle a écouté les gens d'affaires dont elle a été complétement la dupe. Voici d'abord l'observation du malade.

OBSERVATION II. — Le nommé X.... est entré à l'asile le
3 septembre 1875. — Le placement est volontaire et fait
par la femme. — Le certificat de médecin qui accompagne
l'entrée déclare que l'individu est atteint d'aliénation mentale avec hallucinations et qu'il est urgent que le malade soit
admis dans un établissement spécial.

De nos renseignements personnels il appert qu'il y a un
an, X.... se trouva pris d'une fièvre typhoïde intense, dont
la convalescence a traîné en longueur. Le rétablissement
de l'organisme n'a jamais été complet, et les facultés dé-
préciées n'ont pas eu le réveil auquel on pouvait s'attendre.
— Les fonctions digestives ont été maintes fois troublées ;
il y a eu de l'inappétence, des bizarreries, des perversions du
goût, des intolérances stomacales. Le penchant à la bois-
son s'est dessiné et une intoxication lente, mais certaine,
agissant, quoique par doses peu fortes, sur un individu déjà

très-affaibli, semble avoir été la cause déterminante de l'état remarqué au commencement d'août. — Le délire alors est survenu avec extrême agitation et danger pour tout le monde. (*Note textuelle de la famille.*)

Puis, un état circulaire, une double forme se produisit, qu'on verra toujours s'entremêler. — A côté de l'agitation paraissent une nuit profonde des facultés, refus de manger, mutisme avec alternances d'incohérences portées au sommum sans apparition d'actes.

Le certificat de 24 heures constate des hallucinations de la vue et de l'ouïe, du délire religieux, des tendances à des propulsions violentes. Le malade adresse souvent des menaces à des êtres imaginaires.

Le même état persévéra jusqu'en décembre avec des alternatives de calme relatif et d'excitations graves, nécessitant des calmants, des bains très-prolongés et des moyens de contention.

En décembre, une modification semble s'opérer. Mais, le malade, scrupuleusement suivi, offre de nouveau des caractères mentaux qui arrêtent un pronostic favorable. — On découvre des conceptions délirantes de persécution, d'empoisonnement, des pensées de suicide et des propulsions instantanées devant quoi l'attention doit se tenir en éveil. — Ses sœurs sont derrière le mur du quartier, un de ses frères est sous la porte de la salle et, pour ce motif, il reste auprès afin d'observer ; un autre de ses frères est sur le toit de l'établissement ; il a un millier d'enfants au ciel et trois près de lui. — Il est souvent gâteux. — Enfin, l'état chronique est formel. On saurait difficilement compter sur une réaction avantageuse, et il est à craindre que la dissolution totale des facultés, la démence en un mot, n'apparaisse bientôt.

Au milieu de décembre, la famille réclame la sortie sans spécifier d'autre motif qu'une grand'mère très-malade tenant à voir son petit-fils avant de mourir. — Le directeur refuse à tous égards la sortie, et conseille de s'adresser au préfet. — La famille se place entre les mains d'un avocat. Le préfet est saisi et il lui est fourni, sur sa demande, un certificat exprimant les phénomènes psychologiques indiqués plus haut. Il y est spécifié que les écarts d'actes du malade demandent une surveillance des plus attentive et qu'ils donneraient des craintes très-sérieuses, si l'individu était dans la vie extérieure. — Le préfet conclut à la maintenue de l'internement.

En janvier, nouvelle insistance de la famille. — Le préfet charge le sous-préfet de faire enquête et de l'éclairer. — Le sous-préfet se transporte à l'asile et se met en communication avec le malade qu'il examine longuement.

Le 15 janvier, le sous-préfet envoie au directeur de l'asile la lettre suivante : — « Monsieur le Directeur, j'ai l'honneur » de vous informer que M. le préfet a rejeté la demande du » sieur X...., de Placé, à l'effet d'obtenir la sortie de son fils » Julien X...., admis à l'établissement des aliénés par pla- » cement volontaire du 3 septembre 1875. Je vous prie de » vouloir bien en informer le sieur X... »

L'état du malade n'a point varié depuis lors ; mais, il est tangible que les excitations vont diminuer et que la démence, même stupide, va s'offrir.

Réflexions. — Comme je l'ai dit plus haut, les hommes d'affaires de Mayenne étaient tenus en appétit par une première décision du tribunal faisant l'objet de la première partie de ce mémoire. — Dans ce cas, un certain avocat n'a pas agi avec ce profond tact, cette éminente honnêteté qui faisaient jadis appeler l'illustre Paillet l'avocat des bonnes causes.

Quand la famille, au bout de deux mois de placement, vint à toute force réclamer son membre, je lui fis remarquer l'état délirant excessif ; la famille ne voulait rien entendre ; elle réclamait à outrance. Je vis ce qui se passait dans son esprit et, sans être invité par elle, je lui donnai le conseil, dans le cas où elle ne pourrait plus payer, de s'adresser au préfet pour se faire dégrever de la pension en tout ou en partie. — Mon observation jeta un grand froid dans la famille, qui se contenta seulement de s'adresser au préfet pour demander la sortie.

Il va sans dire que l'avocat qui était venu me demander conseil pour savoir comment il fallait s'y prendre n'a rien fait de ce qui était utile. S'il eût voulu m'écouter, et son intelligence s'y prêtait fort bien, il aurait fait faire une demande de dégrèvement au lieu de faire faire une demande de sortie.

Mais, je le répète, la première affaire mettait en appétit, et il faut bien que les avocats, les avoués et les huissiers puissent vivre.

Ici, l'article 14 a été très-bien exécuté. — La famille, après procédure régulière devant le préfet, n'étant pas satisfaite de la décision de ce magistrat, va retrouver son avocat, probablement.

Comment les hommes d'affaires qui côtoient le tribunal ont-ils raisonné? Je l'ignore, mais, on verra une fois de plus qu'ils ne connaissent pas le premier mot de notre loi et de notre économie spéciale hospitalière.

Dans l'observation précédente, un avoué me fait faire sommation d'huissier au nom de l'article 14.

Dans celle-ci, un autre avoué me fait faire sommation d'huissier au nom de l'article 20.

« *Risum teneatis.* »

J'ai tenu en respect cette dernière sommation qui est véritablement trop drôle, et j'ai attendu — ce qui est plus sérieux — le tribunal.

Un rapport a été demandé par le ministère public et le tribunal, après examen approfondi, et agissant d'après l'article 29, ordonna la maintenue de l'aliéné à l'asile et ratifia la décision préfectorale.

Malgré cela, la famille vint de nouveau réclamer. Sur

le refus persistant, et d'après les conseils des hommes d'affaires, elle en appela à la Cour d'appel d'Angers du jugement du tribunal de première instance. La Cour d'appel ratifia la sentence des premiers juges.

Peu de temps après, la famille vint me voir en me disant qu'elle ne pouvait plus payer la pension. Je l'engageai à faire une demande en dégrèvement au préfet, et je lui fis remarquer qu'elle aurait dû suivre le conseil que je lui avais donné trois mois auparavant, au lieu de se laisser dépouiller par les hommes d'affaires. — La famille ne le fit pas encore. Toujours mal conseillée, elle voulait reprendre de gré ou de force son membre. Elle signifia qu'elle ne solderait pas sa pension. — Dès lors, une sommation lui est envoyée et, ce qui prouvait bien comme elle était mal entourée, l'avocat dont j'ai parlé plus haut eut l'audace de se présenter à mon cabinet, en me signifiant que je n'avais pas le droit d'agir ainsi. Je jugeai, tout d'abord, convenable de lui faire observer que le receveur d'un asile a, pour ses recouvrements, les mêmes droits que les percepteurs, et je l'engageai dans son inté. êt à'étudier les lois et instructions de finances et de parcourir le Mémorial à ses moments perdus ; je dus ensuite le prier très-parlementairement de ne pas s'ingérer plus qu'il ne fallait dans mes affaires.

Il résulte de ces deux observations ce que je disais au commencement de ma lettre au procureur. — Tous les désagréments survenus ne reposent que sur une question d'argent et non pas sur l'intérêt familial porté à un aliéné. Dès le début de l'entrée du malade, on avait conseillé à la famille de se faire dégrever. Elle ne l'a pas fait et voulait, quel que fût l'état de son membre, le ravoir. Et, en effet — je l'ai su depuis —, sa sortie était demandée pour deux motifs : 1° Ne plus payer ; 2° Arranger des affaires avec un aliéné qui, à l'asile est protégé par le membre de la Commission de surveillance, administrateur de ses biens.

En tout état de choses, j'ai eu raison d'opposer devant tout les plus énergiques résistances, tout en me maintenant dans la légalité.

J'ai cru devoir communiquer à mes confrères de la science mentale ces faits intéressants, et je ne doute pas de leur communion d'idées avec moi.

Je crois également qu'on partagera les opinions que j'ai développées relativement à la loi de 1838. On a pu voir, du reste, dans le courant du travail, qu'après des hésitations, le tribunal s'est toujours rendu à l'article 29.

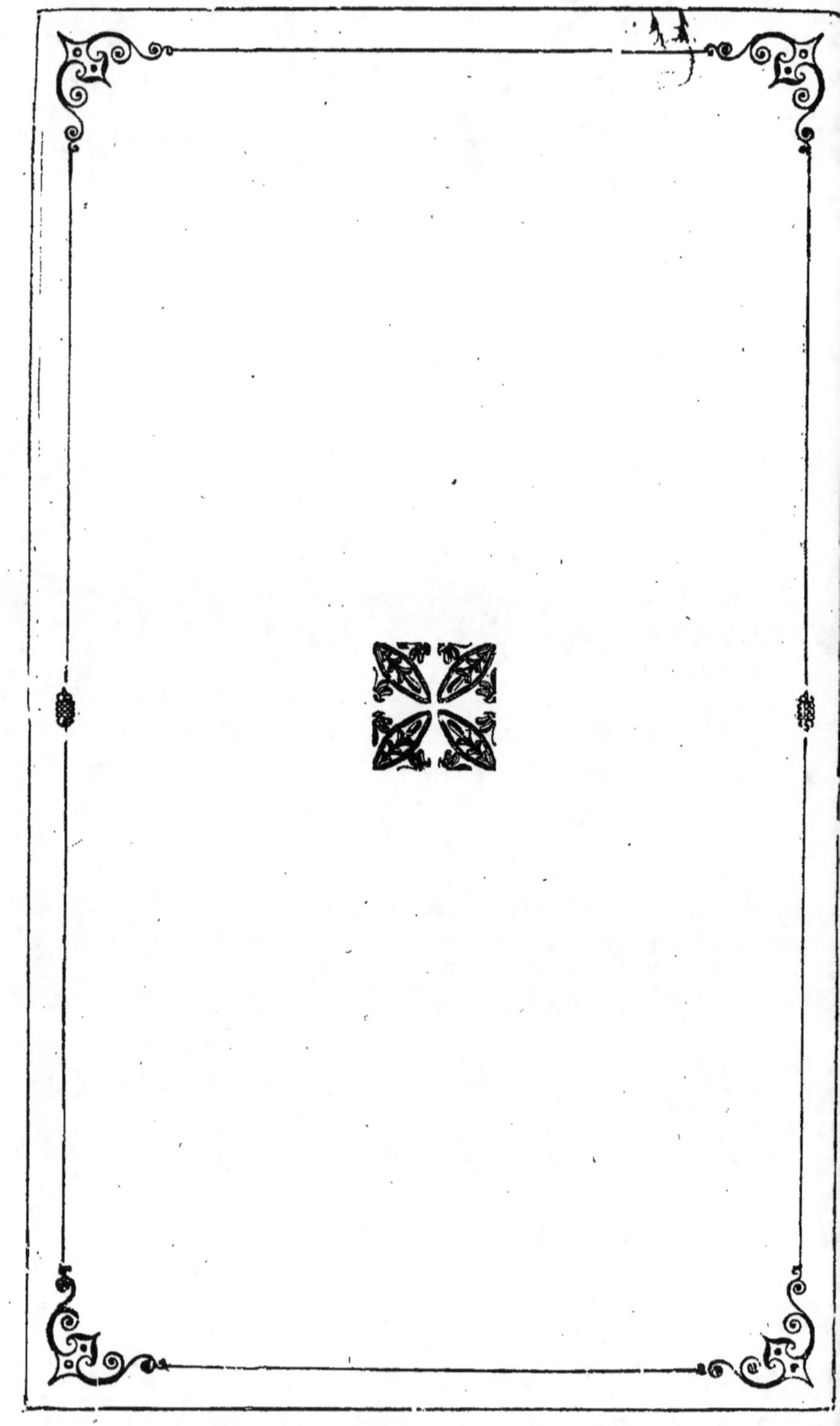